クイズマスターからの
挑戦状(ちょうせんじょう)

この本には、乗り物にまつわるおもしろいクイズがたくさんあるよ！　本の最後に、正解数(せいかいすう)でランクがわかる「クイズマスターチェック」がついているから、全問正解(せいかい)をめざして、チャレンジしよう！　どのクイズにも、かならず解答(かいとう)や解説(かいせつ)をしるしているけれど、乗り物はどんどん進化しているので、より新しい情報(じょうほう)が発表されているかもしれない。興味(きょうみ)をもったら、自分で調べてみよう！

全3巻 クイズを楽しむうちに、乗り物についての知識がどんどん身につく！

自動車・オートバイ クイズ

鉄道 クイズ

飛行機・船 クイズ

めざせ！乗り物クイズマスター
自動車・オートバイクイズ

ワン・ステップ 編

もくじ

ステージ 1 初級編（しょきゅうへん）

問題		ページ
①	自動車 これなーんだ？	7
②	救急車のランプはどれ？	9
③	パトカーの豆知識①	11
④	消防車クイズ① はしご車	13
⑤	緊急自動車の豆知識	15
⑥	自動車のランプは何色？	17
⑦	自動車ズームアップ！	19
⑧	高速道路の常識クイズ	21
⑨	知ってる？ 自動車の安全技術	23
⑩	ブルドーザーのひみつ①	25
⑪	バイクに乗るときの必需品	27
⑫	知ってる？ 自動車の運転	29
⑬	道路標識クイズ①	31
⑭	オートバイの基礎知識	33
⑮	F1って、どんな競技？	35
⑯	消防車クイズ② ポンプ車	37
⑰	街ではたらく自動車クイズ	39
⑱	世界最大級のダンプトラック	41
⑲	運転席でわかるかな？	43

問題		ページ
㉒	現場ではたらく機械たち	46
㉑	はたらく車をつくる会社	49
㉒	道路 何でも日本一クイズ	51
㉓	トラックの種類クイズ	53
㉔	世界の有名自動車メーカー	55
㉕	発見！すごいバス	57
㉖	出動！救急車クイズ	59
㉗	軽自動車・普通自動車くらべ	61
㉘	油圧ショベルクイズ①	63
㉙	ドライバーの心得クイズ	65
㉚	ブルドーザーのひみつ②	67
㉛	自動車メーカーの自慢の車種	69
㉜	運転席のしくみクイズ	71
㉝	ホイールローダークイズ	73
㉞	知ってる？ タイヤの種類	75
㉟	油圧ショベルクイズ②	77
㊱	知ってる？ ドライバーマーク	79
㊲	高速道路の豆知識	81
㊳	怪力！ オフロードダンプトラック	83
㊴	自動車用語クイズ	85

ステージ **2** 中級編

ステージ3 上級編(じょうきゅうへん)

問題	ページ
㊵ 種類いろいろ！ 乗用車	88
㊶ ブルドーザーのホント・ウソ	91
㊷ ナンバープレートのみかた	93
㊸ 地球にやさしい！ エコカー	95
㊹ 世界のバス・タクシー	97
㊺ 道路標識(ひょうしき)クイズ②	99
㊻ 免許(めんきょ)がいらない乗り物	101
㊼ 道路をそうじする車	103
㊽ トラックのホント・ウソ	105
㊾ バイクのスピードクイズ	107
㊿ 自動車の駆動部(くどうぶ)と燃費(ねんぴ)	109
51 人気のオートバイレース	111
52 自動車のトラブル発生？	113
53 世界の人気自動車レース	115
54 こんなバス 知ってる？	117
55 油圧(ゆあつ)ショベルクイズ③	119
56 安全な乗車のしかたは？	121
57 パトカーの豆知識(まめちしき)②	123
58 自動車の新技術(しんぎじゅつ)はどれ？	125

さあ、初級編にチャレンジ!!

ステージ 1 初級編

自動車 これなーんだ?

矢印でしめした自動車の部位の名前を、あとからそれぞれ選んでください。

ホイール　　ワイパー　　ボンネット　　バンパー

自動車 これなーんだ？

- ⓐ バンパー
- ⓑ ホイール
- ⓒ ワイパー
- ⓓ ボンネット

ⓐ「バンパー」は、軽い衝突などから自動車を保護するためのものです。前部についているのがフロントバンパー、後部についているのがリアバンパーです。

ⓑ 車輪の金属部分を「ホイール」といいます。車とタイヤをつなぐ役割があります。タイヤをふくめて、ホイールとよぶこともあります。

ⓒ 自動車の窓ガラスから雨をぬぐいとる装置を「ワイパー」といいます。前部の窓（フロントウインドウ）のほか、後部の窓（リアウインドウ）についている車もあります。

ⓓ「ボンネット」は、自動車の前部のカバーです。エンジンなどの動力機関をおおっています。

救急車のランプはどれ？

ステージ 1 初級編

つぎのうち、一般的（いっぱんてき）な救急車のランプ（赤色灯（せきしょくとう））の形として正しいものを選んでください。

救急車のランプはどれ？

 a

救急車は、急病人やけが人などを病院まで搬送するための緊急車両です。緊急出動時には赤色灯を点灯させ、サイレンを鳴らしながら優先的に道路を走ります。

救急車

問題3 パトカーの豆知識①

警察車両のパトカー（パトロールカー）について、つぎの問題にこたえてください。

1 パトカーの車体の正しい色わけを選んでください。

中央部が黒、上部と下部が白

上部が白、下部が黒

前部が黒、後部が白

2 パトカーの説明として、正しいものを1つ選んでください。

- ⓐ 緊急時には赤信号でも走行してよい。
- ⓑ パトロール中は、一般の道路を時速100km以上で走行してもよい。
- ⓒ パトロール中は、かならず赤色灯を点灯させて走行しなければならない。
- ⓓ パトカーは高速道路を走ってはいけない。

パトカーの豆知識①

1️⃣ c

2️⃣ a

1️⃣ パトカーの車体の色は、上部が白、下部が黒です。

2️⃣ 事件や事故が発生した緊急時には、パトカーは赤信号でも停止せずに、安全を確認しながら走行することができます。また、パトカーの屋根にある赤色灯は、緊急時には目立たせるために点灯させます。パトロール中は赤色灯を点灯させず、法定速度（法律でさだめられた速度）以下で走行します。

パトカーの赤色灯

問題 4 消防車クイズ① はしご車

ステージ 1 初級編

消防車両のひとつ「はしご車」について、つぎの問題にこたえてください。

1 日本でもっとも高いところまでとどく、はしご車のはしごの高さと、ほぼおなじ高さの建造物を選んでください。

- 4階建ての学校
- 18階建てのビル
- 東京ドーム
- 東京タワー

2 はしごの先端部（☐のかこみ）にある、人が乗る部分の名前を選んでください。

- プール
- ワゴン
- ポケット
- バスケット

消防車クイズ① はしご車

1 18階建てのビル
2 バスケット

---

1 はしご車は、はしごをのばして災害救助をおこなうための消防車両です。一般のはしご車の場合、はしごをのばした高さは30mほどですが、日本一の高さのはしご車は54.7mにもなります。これは18階建てのビルくらいの高さです。石川県の金沢市消防局が所有しています。

54m級はしご車　　写真提供：金沢市消防局

2 はしご車の先端についているのは、「バスケット」といわれるかごです。2〜3人が乗ることができます。高いところで火災がおこったとき、消火をしたり、人をたすけたりする際に消防士や救助した人を乗せます。

ステージ 1 初級編

緊急自動車の豆知識

消防車、救急車、パトカーなどの緊急自動車について、つぎの問題にこたえてください。

1 消防車が火災現場へむかうときのサイレン音を選んでください。

- ウー、カンカンカン
- ファンファンファン
- カンカンカン
- ウーウーウー

2「救急」「消防」「警察」へ通報するための「緊急通報用電話番号」をそれぞれ選んでください。

救急　消防　警察

104	110
117	119
177	188

何番だっけ？
あれ？
えっと…

A 解答5 緊急自動車の豆知識

1 ウー、カンカンカン

2 救急…119　　消防…119
　　警察…110

---

1 消防車のサイレン音は、出動する目的によってかわります。「ウー」というサイレンと、「カンカンカン」という警鐘（警告するための鐘）を使いわけます。

　　火災時の出動……「ウー、カンカンカン」
　　救助や救急など、火災以外の出動……「ウーウーウー」
　　消火後、消防署へ帰るとき……「カンカンカン」

2 緊急通報用電話番号は、それぞれつぎのとおりです。

　　110番……警察の通信司令センターなどへつながります。（警察への事件・事故の連絡など）
　　118番……海上保安庁につながります。（海上での事件・事故の連絡など）
　　119番……災害救急情報センターにつながります。（火災の連絡、救助や救急車の依頼など）
　　171番……災害用伝言ダイヤルセンターにつながります。（災害発生時の伝言の録音や再生など）

問題6 自動車のランプは何色？

ステージ1 初級編

自動車のランプについて、つぎの問題にこたえてください。

1 前を走る自動車の車体後方のランプが赤く点灯しました。ドライバー（運転手）がどんな操作をしたか選んでください。

アクセルをふんだ
ブレーキをふんだ
エアコンをつけた
ワイパーを動かした

2 自動車は、バック（後進）するときにバックランプが点灯します。何色に点灯するか選んでください。

赤　青　白　緑

 # 自動車のランプは何色？

1 ブレーキをふんだ
2 白

1 赤く点灯したランプは「ブレーキランプ」です。自動車は、ドライバーがブレーキをふむと、車体後方のブレーキランプが赤く点灯するしくみになっています。ブレーキをふんだことを後続の自動車にはやく知らせることで、追突事故（ついとつじこ）の防止（ぼうし）につながります。

2 自動車がバックするときに点灯する「バックランプ」の色は白です。

おっブレーキをふんだな

問題7 自動車ズームアップ！

ステージ 1 初級編

つぎの写真は、ある自動車の一部をうつしたものです。あてはまる自動車を、あとからそれぞれ選んでください。

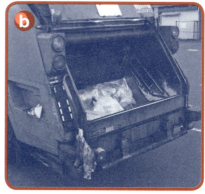

フォークリフト　　ごみ収集車（しゅうしゅうしゃ）　　リムジン

タクシー　　コンクリートミキサー車　　トラクタ

自動車ズームアップ！

- ⓐ コンクリートミキサー車
- ⓑ ごみ収集車
- ⓒ フォークリフト
- ⓓ タクシー

コンクリートミキサー車

ごみ収集車

フォークリフト

タクシー

問題8 高速道路の常識(じょうしき)クイズ

ステージ1 初級編

高速道路の説明について、ホントかウソかこたえてください。

Aさん: 高速道路は、一般(いっぱん)の道路とちがって速度制限(せいげん)がないから、時速160kmで走っても問題ないよ。

Bさん: 乗用車やバス、トラックなどの自動四輪車は高速道路を走れるけど、オートバイのような自動二輪車は走れないんだ。

Cさん: 高速道路には、ひとつも信号機がないのよ。

Dさん: 高速道路を走るときは、料金が必要だよ。

A 解答 8 高速道路の常識クイズ

Aさん…ウソ
Bさん…ウソ
Cさん…ウソ
Dさん…ホント

高速道路（高速自動車国道など）は、自動車やオートバイが通行できる専用道路です。主要都市をむすぶ道路として、日本全国にはりめぐらされています。乗用車、バス、トラックなどの自動四輪車（自動車）のほか、総排気量125cc以下の車種をのぞいた自動二輪車（オートバイ）も走ることができます。信号機はほとんどありませんが、一部のトンネルの入り口に設置されています。一般に、高速道路を利用するには料金が必要で、走行距離におうじた金額を料金所で支払います。

川崎市（神奈川県）と木更津市（千葉県）をむすぶ高速道路「東京湾アクアライン」。

知ってる？自動車の安全技術

ステージ 1 初級編

自動車の安全をささえる技術について、つぎの問題にこたえてください。

1 自動車が衝突した際に、瞬間的にふくらんで、乗っている人がうける衝撃をやわらげるしくみを何というか選んでください。

- エアクッション
- エアブレーキ
- エアバッグ

2 自動車に乗るとき、シートベルトを装着しなければならない座席を選んでください。

- 運転席のみ
- 運転席と助手席
- すべての座席

知ってる？自動車の安全技術

1 エアバッグ
2 すべての座席

1「エアバッグ」は、衝突の衝撃から身を守るための装置です。車が何かにぶつかって一定以上の衝撃を感知すると、袋のなかに窒素が注入されて瞬間的にふくらみ、クッションとなって乗っている人をうけとめます。運転席や助手席のほか、車内の側面に装備されている車もあります。ただし、エアバッグが装備されていても、シートベルトの装着は義務づけられています。

2 シートベルトは、乗車するすべての人が装着しなければなりません。幼児が乗車する場合は、チャイルドシートを使用する義務があります。

問題10 ブルドーザーのひみつ①

ステージ1 初級編

建設現場(けんせつげんば)で活躍(かつやく)するブルドーザーについて、つぎの問題にこたえてください。

写真提供：コマツ

1 矢印の部分の名前を選んでください。

　　ブル　　ドーザー　　フェンス　　ブレード

2 図は矢印の部分を正面からみたものです。動く方向をすべて選んでください。

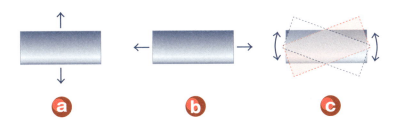

ⓐ　　　　　　ⓑ　　　　　　ⓒ

A 解答 10 ブルドーザーのひみつ①

1 ブレード
2 ⓐ、ⓒ

1 ブルドーザーは、土砂を集めたり、地面をたいらにしたりする建設機械です。前方にとりつけられているのは、土をけずることもできる金属の板で、「ブレード」とよばれます。

2 ブルドーザーのブレードは、上下に動かすことや、ななめにかたむけることはできますが、左右に動かすことはできません。

土砂をおし集めるブルドーザー。

写真提供：コマツ

問題11 バイクに乗るときの必需品(ひつじゅひん)

バイク（オートバイ）に乗るときに、着用や携帯(けいたい)が義(ぎ)務(む)づけられているものを、すべて選んでください。

- 手袋(てぶくろ)
- ヘルメット
- ライダースーツ
- 運転免許証(めんきょしょう)
- サングラス
- ライダーブーツ
- 健康保険証(ほけんしょう)

ステージ 1 初級編

バイクに乗るときの必需品

ヘルメット、運転免許証

自動車やオートバイを運転するときは、運転免許証の携帯が義務づけられています。運転免許証をもたずに運転すると、免許証不携帯の交通違反となり、反則金を支払わなければなりません。また、オートバイを運転するときは、安全のためにヘルメットの着用が義務づけられています。ヘルメットをかぶらずに運転するのも交通違反です。手袋やライダースーツの着用は義務ではありません。

ステージ 1 初級編

問題12 知ってる？ 自動車の運転

自動車の運転のしかたについて、つぎの問題にこたえてください。

1 自動車を加速させるためのペダルを、ⓐ、ⓑのうちから選んでください。また、ペダルの名前も選んでください。

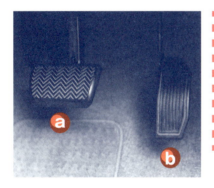

スクランブルペダル
アクセルペダル
ステップペダル
キックペダル

2 右折をするときは、矢印のランプを点滅させます。このランプのよび名を選んでください。

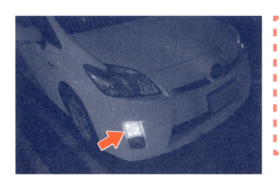

パッシング
ビーム
ウインカー
フラッシュ

知ってる？ 自動車の運転

1 ⓑ、アクセルペダル
2 ウインカー

---

1 自動車を加速させるときにふむペダルを「アクセルペダル」といいます。p.29の写真では、右がアクセルペダルで、左は自動車を減速・停止させる「ブレーキペダル」です。アクセルペダルは右側にあり、その左にブレーキペダルがあります。

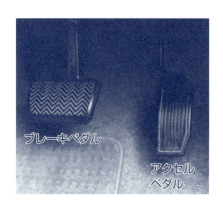

2 自動車が、左折や右折などで進行方向をかえるときに点灯させるのが「ウインカー（方向指示器）」です。進路をかえる前にウインカーを点滅させて、周囲の自動車や歩行者に知らせます。

ウインカーレバー

問題13 道路標識クイズ①

ステージ 1 初級編

道路標識について、つぎの問題にこたえてください。

1 「横断歩道」をあらわしている標識を選んでください。

2 標識があらわしているものを、あとからそれぞれ選んでください。

```
自動車専用    前方注意    国道
車両進入禁止  雷注意     警笛鳴らせ
```

道路標識クイズ①

1. c
2. a 警笛鳴らせ
   b 自動車専用

それぞれの標識の意味はつぎのとおりです。

学校、幼稚園、
保育所などあり

歩行者専用

横断歩道

警笛鳴らせ

自動車専用

問題14 オートバイの基礎知識

オートバイの部位の名前と、しくみについて、つぎの問題にこたえてください。

写真提供：スズキ

1 ⓐ、ⓓのさす部位の名前を選んでください。

バンパー　　シート　　フェンダー
マフラー　　フロントフォーク
---

2 オートバイを加速させるためのアクセルが、ⓐ～ⓓのどの位置についているか選んでください。

オートバイの基礎知識（きそちしき）

1 ⓐ マフラー
　　ⓓ フロントフォーク

2 ⓒ

---

1 オートバイの各部の名前はつぎのとおりです。

ハンドルグリップ
フロントフォーク
マフラー
ステップ

写真提供：スズキ

2 オートバイでは、通常（つうじょう）、右手側のハンドルグリップにアクセルの機能（きのう）がそなわっています。ハンドルグリップを手前にまわすと加速します。減速（げんそく）するときは、ハンドル部にあるブレーキレバーをにぎって、ブレーキをかけます。

ステージ 1 初級編

Q 問題 15 F1って、どんな競技?

モータースポーツの世界最高峰といわれる「F1」について、つぎの問題にこたえてください。

1 F1の「F」は、何のことばの略か選んでください。

- ファイト
- ファイバー
- フォーミュラ
- フォーエバー

2 日本で、F1レースが開催される競技場のある都市を選んでください。

- 千葉市(千葉県)　横浜市(神奈川県)
- 名古屋市(愛知県)　鈴鹿市(三重県)

3 F1カーと、私鉄最速をほこる特急「スカイライナー」の最高時速では、どちらがはやいか選んでください。

- F1カー　スカイライナー　ほぼおなじ

解答15 F1って、どんな競技?

1 フォーミュラ **2** 鈴鹿市(三重県)
3 F1カー

---

1 F1の「F」は、「Formula(規格)」の頭文字からとったものです。F1で使用するレースカーを「フォーミュラカー(F1カー)」といいます。F1は、フォーミュラカーレースの頂点という意味です。FIA(国際自動車連盟)が主催して、世界各地で20戦程度のレースをおこない、年間チャンピオンを選びます。

2 モータースポーツをおこなう競技場を「サーキット」といいます。日本では、三重県鈴鹿市にある鈴鹿サーキットで、F1レース「日本グランプリ」が開催されています。

鈴鹿サーキット

3 京成電鉄のスカイライナーは、私鉄の特急のなかではもっともはやい最高時速160kmで走ります。しかし、F1カーの最高速度は、その2倍近い時速300km以上になります。

問題16 消防車クイズ② ポンプ車

ステージ 1 初級編

消防車両のひとつ「ポンプ車（消防ポンプ自動車）」について、つぎの問題にこたえてください。

1 一般的なポンプ車がつんでいるホース1本のおよその長さを選んでください。

> 3m　　10m　　20m　　50m

2 ポンプ車がホースから放水するとき、1分間で家庭用風呂のおよそ何杯ぶんの水がでるか選んでください。

> 1杯ぶん
> 2杯ぶん
> 10杯ぶん
> 20杯ぶん

A 解答16 消防車クイズ② ポンプ車

1 20m
2 2杯ぶん

---

1 ポンプ車は、放水して火を消しとめるための消防車両です。消火中の水は、防火水槽からすいあげたり、送水口や消火栓にホースをつないだりして確保します。ポンプ車につまれているホース1本の長さは20mで、ホース同士をつないで使用することもできます。1台のポンプ車には、15～30本くらいのホースがつまれています。

ポンプ車のホース取り付け口

送水口

2 1分間の放水で、400～500Lの水が放出されます。これは一般家庭にあるお風呂の2杯ぶんくらいの水の量です。

ステージ 1 初級編

Q 問題 17 街ではたらく自動車クイズ

街でみかけるさまざまな種類のはたらく自動車について、つぎの問題にこたえてください。

1 料金メーターがあるのは、どっち？

- 移動販売車（いどうはんばいしゃ）
- タクシー

2 道路などで動かなくなった車をはこぶのは、どっち？

- レッカー車
- フォークリフト

3 缶（かん）ジュースなどの飲み物を専門（せんもん）にはこぶ車は、どっち？

- カーゴトラック
- ボトルカー

2は自動車をつりあげるクレーンがついている車を考えてね！

街ではたらく自動車クイズ

1. タクシー
2. レッカー車
3. ボトルカー

1. タクシーには、走行する距離や時間におうじて料金が表示される料金メーターがついています。乗車すると、まず初乗り運賃が表示され、その後は走ったぶんだけ料金が加算されていきます。初乗り運賃と加算料金は、地域や車の大きさなどによってことなります。
2. レッカー車は、事故や故障で動かなくなった車を、クレーンでつりあげ、ひっぱるなどして移動させる車です。
3. 飲み物を専門にはこぶ自動車は、ボトルカーです。荷台はいくつものたなで仕切られ、飲み物をたくさんつむことができます。

ステージ 1 初級編

問題18 世界最大級のダンプトラック

世界最大級のダンプトラック「コマツ960E(イー)」について、つぎの問題にこたえてください。

写真提供：コマツ

1 車体の高さは、一般的(いっぱんてき)な小学校の校舎(こうしゃ)の何階くらいにあたるか選んでください。

```
1階    2階    3階    4階
```

2 タイヤの直径は、小学生の身長（130cm）で何人ぶんくらいにあたるか選んでください。

```
1人    2人    3人    4人
```

41

世界最大級のダンプトラック

1 2階
2 3人

1「コマツ960E」は、コマツが製造する世界最大級のダンプトラックです。海外の鉱山などで使われています。GPSと無線ネットワークを活用することで、運転士のいらない無人運転も可能です。高さ（全高）は7.3mで、小学校の校舎の2階ほどです。長さ（全長）は15.6mで、幅（全幅）は9.6mです。

2 コマツ960Eのタイヤの直径は約4mです。身長130cmの小学生だと、3人ぶんくらいの高さになります。

石川県小松市にある「こまつの杜」には、960Eと同クラスのモデル「コマツ930E」（写真）が展示されている。

写真提供：コマツ

ステージ ① 初級編

Q 問題 19 運転席でわかるかな？

つぎの写真が、どの自動車の運転席をうつしたものか、あとからそれぞれ選んでください。

写真提供：タダノ

写真提供：コマツ

救急車　　クレーン車　　トラクター　　油圧ショベル

運転席でわかるかな?

1 クレーン車
2 油圧ショベル

---

1 クレーン車の運転席です。クレーン車は、重い荷物をつりあげて移動させる建設機械です。

建設現場で作業をするクレーン車

写真提供:タダノ

2 油圧ショベル(パワーショベル)の運転席です。油圧ショベルは、地面をほりおこし、土をすくってべつの場所へはこぶ建設機械です。

工事現場で土をすくう油圧ショベル

写真提供:コマツ

Q 問題20 現場ではたらく機械たち

写真をみて、右のページの問題にそれぞれこたえてください。

写真提供：ⓐ ⓓ ⓔはコマツ、ⓑはタダノ、ⓒはクボタ、ⓕは日本車両

ステージ 2 中級編

1 畑をたがやす作業で使われる機械を、左のページから1つ選んでください。

2 ⓑの矢印のさす部品は、ほかの車にもついていることがあります。どの車か、つぎから選んでください。

> パトカー　　救急車　　はしご車　　ごみ収集車

3 ⓓの名前をつぎから選んでください。

> ロードローラー　　モーターグレーダー
> ホイールローダー　　ロードスイーパー

4 地中の奥深くに杭をうつ機能をもつ機械を、左のページから1つ選んでください。

5 「バックホー式」とよばれる動きができる機械を、左のページから1つ選んでください。

現場ではたらく機械たち

1 c　　2 はしご車
3 ホイールローダー
4 f　　5 a

---

1 c は農業用機械のトラクタ（トラクター）です。おもに、水田や畑などをたがやす作業機を牽引するときに使われます。

2 b はクレーン車です。矢印の部品は車体を固定し、安定させるもので、「アウトリガー」といいます。消防のはしご車にも装備されています。

3 d はホイールローダーです。土や石をすくってダンプトラックにつむなど、さまざまな作業をおこないます。

4 f は地面に杭をうちこむパイルドライバーです。

5 バックホー式とは、油圧ショベルの動かしかたのひとつです。

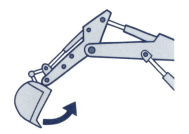

バックホー式

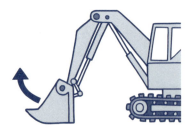

ローディングショベル式

問題21 はたらく車をつくる会社

ステージ ② 中級編

つぎの説明にあてはまる日本の自動車メーカーを選んでください。

1. おもに、ブルドーザーなどの建設現場ではたらく機械をつくる会社

2. おもに、トラックやバスなどをつくる会社

3. おもに、消防車などの緊急自動車をつくる会社

4. おもに、トラクタなどの農業で使われる機械をつくる会社

モリタ　日野自動車　コマツ
ヤマハ　スズキ　ホンダ　クボタ

解答 21 はたらく車をつくる会社

1 コマツ　　2 日野自動車
3 モリタ　　4 クボタ

---

1 コマツは、油圧ショベルやブルドーザーなどの建設機械をつくっている会社です。世界でもトップレベルのシェアをほこります。本社は東京都港区にあります。

2 日野自動車は、トラックやバスなど、おもに商用で使う自動車をつくっている会社です。本社は東京都日野市にあります。

3 モリタは、消防車を中心とした緊急自動車をつくっている会社です。消防車の国内シェアは1位です。本社は兵庫県三田市にあります。

4 クボタは、トラクタや田植機などの農業機械をつくっている会社です。本社は大阪市にあります。

> はたらく車をつくる会社には、ほかにも、いすゞ自動車（バス、トラックの製造）、ヤンマー（農業機械の製造）などがあるね。

ステージ ② 中級編

道路 何でも日本一クイズ

道路に関する日本一について、つぎの問題にこたえてください。

1 日本でもっとも長い直線道路の、およその距離を選んでください。

> 10km　　20km　　30km　　40km

2 日本でもっとも長い道路トンネル「山手トンネル」の、およその距離を選んでください。

> 12km　　18km　　42km　　120km

3 日本でもっとも短い国道の、およその距離を選んでください。

> 50m　　200m　　1000m　　4000m

A 解答22 道路 何でも日本一クイズ

1. 30km
2. 18km
3. 200m

---

1. 日本一長い直線道路は、北海道の札幌市と旭川市をむすぶ国道12号線のうち、美唄市から滝川市にいたる区間です。その距離は29.2kmです。

2. 日本一長い道路トンネルは、首都高速道路・中央環状線の山手トンネルです。トンネルの全長は18.2kmです。

3. 日本一短い国道は、兵庫県神戸市にある国道174号線です。その距離はわずか187.1mです。反対に日本一長い国道は、東京都中央区から青森市までをむすぶ国道4号線で、888.8kmもの距離があります。

日本一短い国道であることをしめす看板。

問題 23 トラックの種類クイズ

ステージ 2 中級編

荷物の運搬（うんぱん）をおこなうトラックについて、つぎの問題にこたえてください。

1 イラストのトラックは、運転する部分と荷台にわかれます。このようなトラックの名前を選んでください。

- カーゴトラック
- セミトレーラートラック
- フルトレーラートラック
- ウイングトラック

2 写真のように、荷台が箱の形をしているトラックの名前を選んでください。

- バン型トラック
- 軽トラック
- コンテナトラック

写真提供：日野自動車

トラックの種類クイズ

1 セミトレーラートラック
2 バン型トラック

---

1 p.53のイラストは「セミトレーラートラック」という種類です。セミトレーラートラックは、荷物をつむトレーラーと、トレーラーをひくトラクタ（トラクター）の部分にわかれます。フルトレーラートラックは、トラクタとトレーラーが一体化したトラックに、さらにトレーラーをつなげたものです。

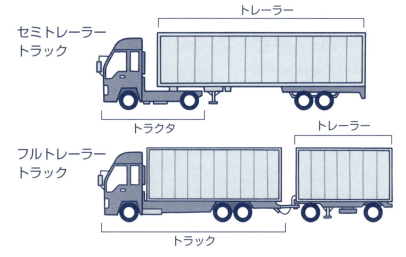

2 荷台が箱の形をしているトラックを「バン型トラック」といいます。バンボディということもあります。

問題24 世界の有名自動車メーカー

ステージ② 中級編

つぎの名前は、どの国の自動車メーカーか、あとからそれぞれ選んでください。

- ポルシェ
- フェラーリ
- フォード・モーター
- ルノー
- ダイムラー

> イギリス　オランダ　イタリア　ドイツ
> アメリカ　中国　フランス　スイス

カッコイイ〜！どこの国の車？

※国名は何度選んでもよい。

世界の有名自動車メーカー

ポルシェ…ドイツ
フェラーリ…イタリア
フォード・モーター…アメリカ
ルノー…フランス
ダイムラー…ドイツ

ポルシェとダイムラーは、ドイツの自動車メーカーです。ポルシェは、スポーツカーやレーシングカーの製造（せいぞう）で知られています。ダイムラーは、高級車「メルセデス・ベンツ」で有名です。

フェラーリは、イタリアの自動車メーカーで、高級スポーツカーなどをつくっています。

フォード・モーターは、世界の自動車王として知られるヘンリー・フォードが創立（そうりつ）したアメリカの自動車メーカーです。

ルノーは、フランスに本社をおくヨーロッパ有数の自動車メーカーです。日本の日産（にっさん）自動車もグループの一員です。

問題 25 発見！すごいバス

ステージ ② 中級編

写真のバスは、ふつうのバスにはない特徴があります。その特徴をあとから選んでください。

写真提供：日の丸自動車興業

ⓐ 海底にもぐってすすむ

ⓑ 雪の上をそりのようにすすむ

ⓒ 水にうかんですすむ

ⓓ 地下鉄の線路をすすむ

発見！すごいバス

ⓒ

p.57のバスは、水陸両用バス「スカイダック」です。道路を走行するのにくわえ、川へはいり、水にうかんだままスクリューですすむことができます。東京都墨田(すみだ)区のとうきょうスカイツリー駅前営業所(えいぎょうしょ)のりばから出発する東京スカイツリーコースと、東京都江東(こうとう)区の亀戸梅屋敷(かめいどうめやしき)のりばから出発する亀戸(かめいど)コースがあります。

水しぶきをあげて川にはいるスカイダック。

写真提供：日の丸自動車興業

富士(ふじ)急行バスにも「KABA(カバ)バス」という水陸両用バスがあるよ。

出動！救急車クイズ

ステージ 2 中級編

救急車について、つぎの問題にこたえてください。

1 通常、救急車には何人の救急隊員が乗車するか、選んでください。

> 1人　3人　5人

2 119番の通報をうけてから、救急車が現場へ到着するまでの平均時間を選んでください。

> 3分30秒　8分30秒　12分40秒

3 図のマークは、救急車にもそなえられている、ある機器をあらわしています。何のための機器か選んでください。

> 手術をおこなう
> 無線通信をおこなう
> 電気ショックをあたえる

出動！救急車クイズ

1 3人　　2 8分30秒
3 電気ショックをあたえる

---

1 1台の救急車には、3人の救急隊員が乗って出動します。通常、そのうちの1人は、応急処置などをおこなう救急救命士です。

2 119番の通報をうけてから、救急車が現場に到着するまでの全国平均時間は約8分30秒です（平成26年版「救急・救助の現況」より）。

3 p.59のマークは「AED（自動体外式除細動器）」という救命のための医療機器をあらわします。AEDは、急に心臓が停止してしまった人に対し、必要におうじて電気ショックをあたえ、心臓の動きを正常にもどすために使います。

問題27 軽自動車・普通自動車くらべ

ステージ②中級編

軽自動車と普通自動車について、つぎの問題にこたえてください。

軽自動車

普通自動車

写真提供：トヨタ自動車

1 軽自動車の高さ（全高）には制限があります。何m以下ときめられているか、選んでください。

> 1m　2m　3m　4m

2 普通自動車の乗車定員には制限があります。何人以下ときめられているか、選んでください。

> 4人　6人　8人　10人

3 自家用の軽自動車と普通自動車のナンバープレートの「文字色」を、それぞれ選んでください。

> 赤　白　青　黒　黄　緑

軽自動車・普通自動車くらべ

1. 2m
2. 10人
3. 軽自動車…黒
   普通自動車…緑

---

1. 軽自動車は、普通自動車にくらべて排気量の少ない自動車です。軽自動車の大きさや排気量は、つぎのようにきめられています。

軽自動車の規格
- 全高2.0m以下
- 全幅1.48m以下
- 全長3.4m以下
- 乗車定員：4人以下
- 排気量：660cc以下
- 最大積載量：350kg以下

写真提供：トヨタ自動車

2. 普通自動車の乗車定員は10人以下です。
3. 自家用のナンバープレートは、軽自動車が黄色地に黒の文字、普通自動車が白地に緑の文字となっています。

問題28 油圧ショベルクイズ①

ステージ2 中級編

油圧ショベル(パワーショベル)の部位の名前を、あとからそれぞれ選んでください。

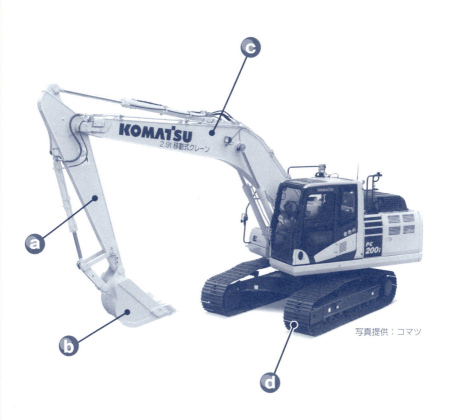

写真提供：コマツ

アーム　ブーム　クローラー　バケット

油圧ショベルクイズ①

- ⓐ アーム
- ⓑ バケット
- ⓒ ブーム
- ⓓ クローラー

それぞれの部位の名前はつぎのとおりです。

ブーム
車体とアームをつなぐ。

アーム
バケットをとりつける。

バケット
つめが先についている。土や岩などをほりおこしたり、はこんだりする。

クローラー
キャタピラともよばれる。ベルトを回転させて前後へすすむ。

写真提供：コマツ

問題29 ドライバーの心得クイズ

ステージ2 中級編

自動車の運転に関する問題です。つぎの問題にこたえてください。

1 直進するときのハンドルのもちかたとして、適切なものを選んでください。

2 ドライバーからみたとき、より広い範囲がうつるミラーを選んでください。

ルームミラー（バックミラー）

サイドミラー（ドアミラー）

ドライバーの心得クイズ 解答29

1 ⓑ　　**2** ⓑ

1 直進時のハンドルのもちかたは、ハンドルを時計だと考えたとき、にぎる手が10時10分の位置が適切といわれています。自動車教習所では、このように教えます。ほかに、9時15分や8時20分の位置が運転しやすいと考える人もいます。

2 p.65のⓐはルームミラー（バックミラー）、ⓑはサイドミラー（ドアミラー）です。サイドミラーは、道路にあるカーブミラーとおなじ凸面鏡です。ルームミラーよりも広い範囲がうつります。

問題30 ブルドーザーのひみつ②

ステージ2 中級編

ブルドーザーについて、つぎの問題にこたえてください。

写真提供：コマツ

1 大型ブルドーザーの車体の前後には、通常、ナンバープレートがついていません。その理由を選んでください。

- ⓐ ナンバーシールが運転席前面のガラスにはられているから。
- ⓑ 国の登録番号が車体の側面にかかれているから。
- ⓒ 一般の道路を走れないブルドーザーには、ナンバープレートが必要ないから。

2 写真の矢印の部分を「リッパー」といいます。何のためについているか選んでください。

- ⓐ 石や岩をくだくため
- ⓑ みぞをつけるため
- ⓒ 車体をささえるため

A 解答30 ブルドーザーのひみつ②

1⃣ ⓒ
2⃣ ⓐ

1⃣ 大型ブルドーザーなどのクローラーで走行する建設機械は、一般の道路を走ることができません。そのため、ナンバープレートをつける必要はありません。ふつうは、トラックなどに乗せて、建設現場まではこびます。解体して現場へはこび、組みたてて使用することもあります。

2⃣ ブルドーザーのなかには、車体後部にリッパーがついている機種があります。リッパーは、つめのような形をしていて、石や岩をくだいたり、地面深くまでのびた木の根をほりおこしたりするときに役立ちます。

問題 31 自動車メーカーの自慢の車種

ステージ 2 中級編

つぎの自動車メーカーの代表的な車種を、あとからそれぞれ選んでください。

- トヨタ
- ダイハツ
- 日産（にっさん）
- スバル
- マツダ
- スズキ

- カローラ
- レガシィ
- ワゴンR（アール）
- デミオ
- ムーヴ
- スカイライン

A 解答31 自動車メーカーの自慢の車種

トヨタ…カローラ
ダイハツ…ムーヴ
日産(にっさん)…スカイライン
スバル…レガシィ
マツダ…デミオ
スズキ…ワゴンR(アール)

各自動車メーカーのおもな車種は、つぎのとおりです。

　トヨタ（トヨタ自動車）……カローラ、クラウン、プリウスなど
　ダイハツ（ダイハツ工業）……ムーヴ、ミラ、タントなど
　日産(にっさん)（日産(にっさん)自動車）……スカイライン、マーチ、リーフなど
　スバル（富士重工業(ふじじゅうこうぎょう)）……レガシィ、レヴォーグ、インプレッサなど
　マツダ……デミオ、アテンザ、ロードスターなど
　スズキ……ワゴンR(アール)、ハスラー、アルトなど

問題32 運転席のしくみクイズ

ステージ2 中級編

普通自動車（乗用車）の運転席について、つぎの問題にこたえてください。

1 スピードメーター（速度計）の最高速度が、時速何kmくらいまで表示されているか選んでください。

スピードメーター

- 時速80km
- 時速120km
- 時速180km
- 時速240km

2 ブレーキペダルの横に、写真のようなペダル（矢印）がついている車種があります。このペダルをふむとどうなるか、選んでください。

ブレーキペダル

- エンジンがかかる
- ブレーキがかかる
- ドアがロックされる
- トランクがひらく

運転席のしくみクイズ

1 時速180km
2 ブレーキがかかる

---

1 一般に、普通自動車に設置されているスピードメーターは、時速160～180km（160～180km/h）くらいまで表示されています。普通自動車の法定速度は、一般道路では時速60km、高速道路では時速100kmとさだめられていますが、自動車には、それ以上の速度をだせる性能がそなわっています。

2 p.71のペダルは「パーキング（駐車）ブレーキ」です。車を駐車するときなどにペダルをふんで、ブレーキをかけます。車種によっては、運転席の横にあるレバーをひきあげてブレーキをかけるものもあります（下のイラスト）。このタイプは「サイドブレーキ」ともいいます。

ステージ 2 中級編

Q 問題 33 ホイールローダークイズ

建設現場ではたらく「ホイールローダー」について、ホントかウソかこたえてください。

バケット

写真提供：コマツ

1 ホイールローダーは、除雪作業に使われることもある。

ホント　　ウソ

2 大型ホイールローダー「コマツWA900」のバケットの横幅は、ジュースの自動販売機の高さほどある。

ホント　　ウソ

3 ホイールローダーのバケットは、べつの器具につけかえることができる。

ホント　　ウソ

4 ホイールローダーのハンドルを右にまわしても、前輪は右にまがらない。

ホント　　ウソ

73

A 解答33 ホイールローダークイズ

1. ホント　2. ウソ
3. ホント　4. ホント

1. ホイールローダーで除雪作業をするときは、バケットをブレードという板状の部品につけかえます。
2. 大型ホイールローダーのコマツWA900のバケットは、横幅が約5mもあります。
3. ホイールローダーのなかには、作業にあわせて、バケットをほかの器具（アタッチメント）につけかえられる機種があります。アタッチメントには、フォークリフトのフォークや、ものをつかむためのロググラップルなどがあります。
4. ホイールローダーは、ハンドルをまわしても、前輪は右や左にまがりません。ハンドルをまわすと、その動きにあわせて関節部がまがり、方向転換ができるようになります。

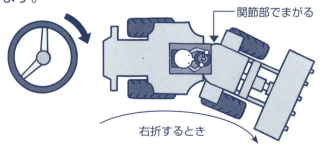
関節部でまがる
右折するとき

問題34 知ってる？タイヤの種類

ステージ2 中級編

自動車のタイヤについて、つぎの問題にこたえてください。

1 冬の雪道で使用されるタイヤの名前を選んでください。

> スノーガードタイヤ　ロープロタイヤ
> スタッドレスタイヤ　セーフタイヤ

2 走行中のパンクなどにより、緊急につけかえるための予備のタイヤを何タイヤとよぶか選んでください。

> オフロードタイヤ　キープタイヤ
> スペアタイヤ　ラジアルタイヤ

3 タイヤがすりへったときにタイヤのみぞにあらわれ、交換をすすめるサインを何というか選んでください。

> スリップサイン　オールドサイン
> ロックサイン　チェンジドサイン

知ってる？タイヤの種類

1. スタッドレスタイヤ
2. スペアタイヤ
3. スリップサイン

---

1. 「スタッドレスタイヤ」は、雪がつもった道路や、凍結した道路で使用するためのタイヤです。スノータイヤともいわれます。特殊なゴムを使ったり、みぞの形状をくふうしたりして、一般のタイヤよりもすべりにくくしてあります。

2. 予備のタイヤを「スペアタイヤ」といいます。

3. 自動車が走行をくりかえすと、タイヤはだんだんすりへっていきます。タイヤのみぞが浅くなって、交換する必要があることをしめすときに「スリップサイン」があらわれます。スリップサインは、1本のタイヤに6か所あり、ひとつでもあらわれたら、そのタイヤは使うことが禁止されています。

新品タイヤの断面図

交換時期のタイヤの断面図
すりへった部分
スリップサイン
たいらになってくる。

問題35 油圧ショベルクイズ②

ステージ2 中級編

油圧ショベル（パワーショベル）について、つぎの問題にこたえてください。

1 油圧ショベルは、クローラーより上の部分が回転します。回転する角度が何度か選んでください。

クローラー
写真提供：コマツ

- 90度
- 120度
- 180度
- 360度

2 油圧ショベルは、「ユンボ」という名前でよばれることがあります。この名前の由来を選んでください。

- ⓐ 油圧ショベルの開発者の名前からつけられた。
- ⓑ 油圧ショベルを使って、はじめてつくられたビルの名前からつけられた。
- ⓒ 外国メーカーの油圧ショベルの商品名からつけられた。

油圧ショベルクイズ②

1 360度

2 c

---

1 油圧ショベルのクローラーより上の車体は、くるくると360度、回転します。

2 ユンボは、フランスのシカムという会社が製造した油圧ショベルの商品名でした。油圧ショベルは、ほかにパワーショベル、バックホーなどともよばれます。

穴ほりならまかせな！

問題36 知ってる？ドライバーマーク

ステージ❷ 中級編

ドライバーが自動車を運転するときに、車体に表示しなければならない標識（マーク）について、つぎの問題にこたえてください。

1 ⓐ、ⓑにあてはまる数字をこたえてください。

初心運転者標識（初心者マーク）
普通自動車免許の取得後、ⓐ年未満のドライバーが表示する標識

高齢運転者標識（高齢運転者マーク）
普通自動車免許をもったⓑ歳以上のドライバーが表示する標識

2 ⓐ、ⓑの標識の名前を、それぞれ選んでください。

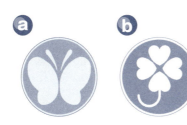

- 肢体不自由者標識
- 聴覚障害者標識
- 仮免許取得者標識
- 身体障害者標識

知ってる？ドライバーマーク

解答36

1 ⓐ 1　ⓑ 70
2 ⓐ 聴覚障害者標識
　　ⓑ 身体障害者標識

1 初心運転者標識は、「初心者マーク」や「わかばマーク」ともいわれます。普通自動車免許の取得後、1年未満のドライバーであることをしめします。ドライバーは1年間、このマークを車体に表示する義務があります。高齢運転者標識は、ドライバーが70歳以上であることをしめします。表示する義務はありませんが、安全のために推奨されています。

2 ⓐはドライバーが聴覚障害者、ⓑはドライバーが身体障害者であることをしめす標識です。

初心運転者標識
（初心者マーク）

高齢運転者標識
（高齢運転者マーク）

聴覚障害者標識
（聴覚障害者マーク）

身体障害者標識
（身体障害者マーク）

問題37 高速道路の豆知識

ステージ2 中級編

高速道路について、つぎの問題にこたえてください。

1 「インターチェンジ」が高速道路のどの場所にあたるか選んでください。

> 駐車場　　入り口・出口　　追越車線

2 高速道路などの有料道路には、無線通信によって料金を自動で支払うシステムがあります。その名前を選んでください。

> ATM　　ETC　　ABS　　ECT

3 写真は高速道路の道路わきにみられるものです。何のためにあるか選んでください。

> 事故の目印にするため
> 渋滞発生を知らせるため
> 風の強さをあらわすため

解答37 高速道路の豆知識

1 出入り口
2 ETC
3 風の強さをあらわすため

---

1 高速道路の出入り口は「インターチェンジ」といいます。一般の道路と、高速道路などの有料道路を立体的につなげる場所です。「インター」と省略してよばれることがあります。複数の高速道路同士を立体的につなげる場所は「ジャンクション」といいます。

2 高速道路の無線による料金支払いシステムは「ETC」です。自動車にETC機器を設置すれば、高速道路の入り口や出口で停車せずに料金の支払いができます。

清水インターチェンジの料金所にもうけられているETC専用レーン（静岡県）。

3 高速道路の道路わきには、風の強さを知らせるための「吹き流し」が設置されているところがあります。

ステージ ② 中級編

Q 問題 38 怪力! オフロードダンプトラック

建設現場で活躍する「オフロードダンプトラック」について、つぎの問題にこたえてください。

コマツHD785
写真提供：コマツ

1 土砂や荷物をのせる荷台の名前を選んでください。

> バケット　　ベッセル　　ボックス　　トレー

2 大型オフロードダンプトラック「コマツHD785」の最高速度を選んでください。

> 時速25km
> 時速40km
> 時速65km
> 時速120km

怪力！オフロードダンプトラック

1 ベッセル
2 時速65km

---

1 ダンプトラックの荷台は「ベッセル」といいます。コマツHD785は最大91トンまでの荷物をはこぶことができ、車体の全長が約10mあります。

2 コマツHD785の最高速度は時速65kmです。

どんどん はこぶ ぞ〜!!

Q 問題 39 自動車用語クイズ

ステージ 2 中級編

自動車に関する用語についての問題です。つぎの用語の正しい説明を、それぞれ選んでください。

1 「半ドア」の意味は？

- a 窓が半分あいた状態。
- b ドアがしっかりとじられていない状態。
- c ドアがロックされていない状態。

2 「アイドリングストップ」の意味は？

- a 車内のエアコンを消すこと。
- b パーキングブレーキをかけること。
- c エンジンを停止させること。

自動車用語クイズ

1 ⓑ
2 ⓒ

1「半ドア」とは、自動車のドアが完全にはしめられていない状態のことです。車種によっては、ドアがしっかりしまっていないことを、ランプや音で知らせてくれるものもあります。半ドアのままで走行すると、とつぜん、ドアがあくことがあって危険です。

2「アイドリング」とは、自動車のエンジンがかかっている状態をいいます。「アイドリングストップ」は、自動車が駐停車しているときに、不必要にエンジンをかけっぱなしにするのをやめるということです。アイドリングストップ機能がついていない車では、駐停車の際にエンジンを切ることで、排気ガスの発生をへらすことができます。一部の路線バスなどでは、赤信号で停止するときにエンジンを止め、アイドリングストップを実践しているところがあります。

問題40 種類いろいろ！乗用車

乗用車（普通自動車）の分類について、つぎの問題にこたえてください。

1 イラストと説明をみて、あてはまる自動車の種類（車種）を、あとからそれぞれ選んでください。

ⓐ 基本的な車のタイプ。人が乗るスペースとトランクルームがわかれている。

ⓑ 高速で快適な走行を目的とした車。2ドアのものが多い。

ⓒ 人や荷物を多く乗せられるタイプ。8人以上乗れるものもある。

オープンカー　　ミニバン　　セダン
クーペ　　コンパクトカー

ステージ ③ 上級編

2 送迎などで利用されることの多い、「リムジン」という自動車の形を選んでください。

3 「ハッチバック」とよばれる車の特徴を選んでください。

- ⓐ ドアがスライド式である。
- ⓑ トランクルームがない。
- ⓒ 車体の後部に、はねあげ式のドアがある。

4 「ガルウィングドア」がどれか、選んでください。

種類いろいろ！乗用車

1 ⓐセダン　ⓑクーペ　ⓒミニバン
2 ⓐ　　**3** ⓒ　　**4** ⓑ

---

1 それぞれの車種の名前は、つぎのとおりです。

2 リムジンは、運転席と後部座席のあいだに仕切りがあって、後部座席が広く、豪華なつくりの大型乗用車です。

3 ハッチバックは、車体の後部に、はねあげ式のドア（背面ドア）がついたタイプの乗用車です。

4 「ガルウィングドア」は、車体の左右から鳥のつばさのようにもちあがってひらくドアです。ガルウィングとは、カモメのつばさという意味です。海外の高級スポーツカーなどにみられます。

問題41 ブルドーザーのホント・ウソ

ステージ３ 上級編

ブルドーザーについて、ホントかウソかこたえてください。

1
ブルドーザーには、水陸両用のタイプがあるよ。

2
ブルドーザーは、ガソリンではなく、軽油を燃料としているのよ。

3
ブルドーザーは、うしろへすすむよりも、前へすすむほうがスピードがでるんだ。

4
大型ブルドーザーは、自動車とおなじように、ハンドルを使って運転するのよ。

ブルドーザーのホント・ウソ

1. **ホント**
2. **ホント**
3. **ウソ**
4. **ウソ**

---

1. 建設機械メーカーのコマツは、港や川の整備などのために、水中でも作業ができる水陸両用のブルドーザーを製造していました。ブルドーザーの運転は、リモコンでおこないます。

水陸両用ブルドーザー
写真提供：コマツ

2. ブルドーザーや油圧ショベルなどの建設機械は、ガソリンではなく、軽油を燃料にしています。

3. ブルドーザーは前進よりもバック（後退）のほうが、はやく走行できます。これは、土をおしのけたあと、すばやくバックして効率よく作業をおこなうためです。

4. 大型ブルドーザーの運転席には、ハンドルはありません。レバーやスイッチを操作して運転します。

ナンバープレートのみかた

ステージ ③ 上級編

自動車のナンバープレートについて、つぎの問題にこたえてください。

1 レンタカーで使用されているナンバープレートが1つあります。どれか選んでください。

名古屋 300
わ 00-00

名古屋 300
さ 00-00

名古屋 300
あ 00-00

2 下のかな文字のうち、ナンバープレートで使用されていない文字を4つ選んでください。

つ　ひ
し　こ
お　へ
く　ん

ナンバープレートのみかた

1 ⓐ
2 お・し・ん・へ

---

1 ナンバープレートとは、自動車登録番号標のことです。登録場所や自動車の種類、使用方法によって、文字や番号などがきめられています。レンタカーの場合、かな文字は「わ」または「れ」になります。

2 ナンバープレートで使われていない文字は「お・し・ん・へ」の4文字です。「お」は「あ」とみまちがわれやすいことから、「し」は「死」を、「へ」は「屁」を連想させることから使われていません。「ん」は読みにくく、五十音の最後の文字で縁起がよくないとして、使われていません。

ナンバープレートのみかた（普通自動車）

地名（登録場所）

分類番号
定員10人以下の普通自動車は「30〜39」「300〜399」など、自動車の種類や使用方法によってきめられている。

かな文字
レンタカーは「わ・れ」、事業用は「あ・い・う・え・か・き・く・け・こ・を」、自家用はそれ以外のかな文字（「お・し・ん・へ」をのぞく）。

名古屋 300
わ 00-00

背景と文字の色
自家用は白地に緑文字（軽自動車は黄色地に黒文字）、事業用は緑地に白文字（軽自動車は黒地に黄色文字）

ステージ 3 上級編

問題43 地球にやさしい！エコカー

環境に配慮した自動車「エコカー」について、つぎの問題にこたえてください。

1 エコカーのひとつである「ハイブリッドカー」の普通自動車で、主流となっている燃料を選んでください。

> 水とガソリン　　電気とガソリン
> ガソリンと軽油　　電気

2 エコカーのひとつである「燃料電池自動車」の燃料を選んでください。

> 植物油　　水素　　石炭　　天然ガス

3 燃料電池自動車が走行時に排出するものを選んでください。

> 二酸化炭素　　天然ガス　　窒素　　水

A 解答43 地球にやさしい！エコカー

1 電気とガソリン　**2** 水素(すいそ)
3 水

---

1 ハイブリッドカーの「ハイブリッド」には、「ことなるものがまざりあう」という意味があります。普通自動車のハイブリッドカーは、ガソリンを燃料とするエンジンと、電気で動くモーターを動力源として走るものが主流となっています。世界初の量産型ハイブリッドカー「プリウス」は、1997（平成9）年に、トヨタ自動車によって開発・発売されました。

2 燃料電池自動車は、水素と酸素の化学反応で発電し、その電気の力でモーターを動かして走るエコカーです。燃料がなくなった場合、ガソリン車はガソリンを補給しますが、燃料電池自動車は、水素ステーションで水素を補給します。

3 燃料電池自動車では、水素と酸素が化学反応をおこしたときに水が発生し、それを車外に排出します。

トヨタの量産型燃料電池自動車「MIRAI(ミライ)」
写真提供：トヨタ自動車

問題44 世界のバス・タクシー

ステージ ③ 上級編

外国のバスやタクシーについて、つぎの問題にこたえてください。

1 イギリスのロンドンの名物にもなっている路線バスの特徴を選んでください。

　　ボンネット型　　２階建て　　水陸両用

2 アメリカのニューヨークのタクシーは、車体の色から「❓キャブ」とよばれています。❓にあてはまる色を選んでください。

　　ブラック　　イエロー　　ホワイト

3 写真にうつっているのは、タイの三輪タクシーです。この乗り物のニックネームを選んでください。

　　キュルキュル
　　カチャカチャ
　　トゥクトゥク

世界のバス・タクシー

1. ２階建て
2. イエロー
3. トゥクトゥク

---

1. イギリスのロンドン市内を走るロンドンバスは、２階建ての赤い車体が特徴です。屋根のない観光用のバスもあります。

ロンドンバス

2. アメリカのニューヨークを走るタクシーは、車体が黄色であることから、「イエローキャブ」の愛称で知られています。

イエローキャブ

3. p.97の写真の乗り物は、「トゥクトゥク」という名前のタイの三輪タクシーです。

問題45 道路標識クイズ②

ステージ3 上級編

道路標識について、つぎの問題にこたえてください。

1 「国道」と「都道府県道」をあらわす案内標識の形を、それぞれ選んでください。

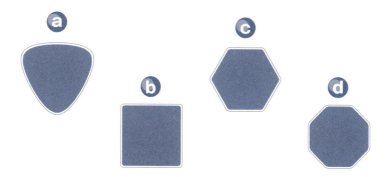

2 つぎの道路標識の意味を、それぞれこたえてください。

道路標識クイズ②

1 国道…ⓐ　　都道府県道…ⓒ
2 ⓐ 一方通行
　 ⓑ 大型貨物自動車等通行止め
　 ⓒ 優先道路

---

1 国道をあらわす案内標識は角丸の逆三角形、都道府県道をあらわす案内標識は六角形をしています。

国道番号　都道府県道番号

2 標識のあらわす内容はつぎのとおりです。

一方通行

大型貨物自動車等
通行止め

優先道路

問題46 免許がいらない乗り物

ステージ3 上級編

つぎの乗り物のうち、運転免許を取得する必要がないものをすべて選んでください。

原動機付自転車

シニアカー

電動バイク

ペダルつきバイク

電動アシスト自転車

解答46 免許がいらない乗り物

シニアカー、電動アシスト自転車

シニアカーは、電気で動く乗り物で、「電動車いす」ともいわれます。足の不自由なお年寄りが外出するときなどに利用しています。バッテリーは家庭のコンセントから充電できます。シニアカーは、道路交通法では、歩行者のあつかいになっているので、歩道を走行できます。運転免許は必要ありません。

電動アシスト自転車は、電動モーターが走行を補助してくれる自転車です。坂道をのぼるときなどに、ペダルをこぐ力が少なくてすみます。運転免許は必要ありません。

原動機付自転車は、一般には排気量が50cc以下の二輪車のことです。名前に「自転車」とついていますが、運転するには免許が必要です。

ステージ ③ 上級編

問題 47 道路をそうじする車

街の道路をきれいにする清掃車、つもった雪をとりのぞく除雪車について、つぎの問題にこたえてください。

1 ブラシを使って道路を清掃する「ロードスイーパー」の特徴を選んでください。

ブレーキがない
ハンドルが2つある
リモコンで動く

写真提供：東京道路清掃協会

2 道路の雪をとりのぞく「ロータリー除雪車」が、どのような方法で道路から雪をとりのぞくか選んでください。

雪を熱風でとかす
雪を水で流す
雪をとりこんでとばす

道路をそうじする車

1. ハンドルが2つある
2. 雪をとりこんでとばす

---

1. ロードスイーパーは、道路上のごみをブラシで集めて清掃する作業車です。運転席が2つあり、道路の右側をそうじするときと、左側をそうじするときとで使いわけます。

2. ロータリー除雪車は、回転するロータリー装置（写真の点線部）で道路の雪をとりこみ、遠くへふきとばす作業車です。

とりこんだ雪をふきとばすロータリー除雪車

問題 48 トラックのホント・ウソ

ステージ 3 上級編

トラックやトレーラーについて、ホントかウソかこたえてください。

1

ダンプトラックの「ダンプ」とは、大型という意味よ。

2

毎年 10 月 9 日は「トラックの日」だね。

3

軽自動車の規格にあてはまるような小型のトラックもあるんだよ。

4

セミトレーラーのトラクタとトレーラーには、それぞれ、べつのナンバープレートがついているのよ。

解答 48 トラックのホント・ウソ

1 ウソ
2 ホント
3 ホント
4 ホント

---

1 ダンプトラックの「ダンプ」とは、「ものをどさっと落とす」という意味です。

2 10月9日は「トラックの日」です。全日本トラック協会が、トラック運送業界をより多くの人に知ってもらうためにさだめました。この日は、トラックに関連した各種イベントが全国各地でおこなわれています。

3 軽自動車の規格(きかく)にあうようにつくられたトラックを、一般(いっぱん)に「軽トラック」とよびます。荷物を運搬(うんぱん)する小型のトラックとして、農家や運送業者などによく使われています。

4 セミトレーラーは、運転席のあるトラクタと、荷物をつむトレーラーがつながっています。それぞれがべつの車両と考えられているので、べつべつのナンバープレートがついています。

問題49 バイクのスピードクイズ

ステージ3 上級編

バイクで走行する速度について、つぎの問題にこたえてください。

1 大型バイク（大型自動二輪車）で高速道路を走るとき、法定速度が時速何kmか選んでください。

時速60km
時速80km
時速100km
時速120km

2 50cc以下の原動機付自転車で一般の道路を走るとき、法定速度が時速何kmか選んでください。

時速30km
時速40km
時速60km
時速100km

バイクのスピードクイズ

1 時速100km
2 時速30km

---

1 大型自動二輪車、普通自動二輪車で高速道路を走るときの法定速度（最高時速）は、普通自動車とおなじ時速100kmです。

2 原動機付自転車（50cc以下）で一般の道路を走るときの法定速度は、時速30kmです。この速度をこえると、スピード違反になってしまいます。原動機付自転車では、高速道路を走行することができません。

問題50 自動車の駆動部と燃費

ステージ ③ 上級編

普通自動車の駆動部と燃費について、つぎの問題にこたえてください。

1 4WD のしくみをあらわした図を1つ選んでください。

ⓐ エンジン
前
前輪が動く

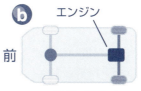
ⓑ エンジン
前
後輪が動く

ⓒ エンジン
前
前輪と後輪が動く

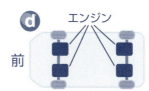
ⓓ エンジン
前
エンジンが4つあり、4つの車輪がべつべつに動く

2 自動車の「燃費」の説明として正しいものを選んでください。

ⓐ 燃料にかかる費用。
ⓑ 1Lの燃料で走行できる距離。
ⓒ 1Lの燃料で動くエンジンの回転数。

自動車の駆動部と燃費

1 ⓒ

2 ⓑ

---

1 4WDは、「4 Wheel Drive」を略したことばで、四輪駆動の意味です。4WD式の自動車は、エンジンの動力を、前後のすべての車輪に伝えて走ります。急な坂道や、舗装されていないでこぼこ道でも、力強く走ることができます。

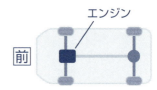

前輪と後輪が動く

2 自動車の「燃費」とは、一定量の燃料で走行できる距離、または一定の距離をどれだけの燃料で走行できるかをしめす指標です。一般に、1Lの燃料で走行できる距離として、「○km/L」という単位であらわされます。この距離が長いと「燃費がよい」といわれます。

問題51 人気のオートバイレース

ステージ3 上級編

オートバイを使ったレースについて、問題にこたえてください。

1 ⓐ、ⓑのレースの名前をそれぞれ選んでください。

> モトクロス　　ラリー　　GT1（ジーティーワン）　　ロードレース

2 ⓑのバイクにそなわっていないものを選んでください。

> ブレーキ　　ライト　　アクセル

3 ⓐの世界選手権大会の名前を選んでください。

> Moto GP（モト ジーピー）　　SUPER GP（スーパー ジーピー）　　Road GP（ロード ジーピー）

人気のオートバイレース

1. ⓐ ロードレース　ⓑ モトクロス
2. ライト
3. Moto GP（モトジーピー）

1. ロードレースは、専用のバイクを使って、舗装されたサーキットを走るレースです。モトクロスは、「モトクロッサー」とよばれる専用のバイクを使って、舗装されていない起伏にとんだ悪路や山道などを走るレースです。

2. モトクロッサーは、車体を軽量化するために、ライトはつけられていません。また、モトクロッサーは競技専用の車両なので、一般の道路は走れません。

3. ロードレースの世界選手権大会はMoto GP（ロードレース世界選手権）です。国際モーターサイクリズム連盟が主催するロードレースのうち、スプリントレースの世界最高峰の大会で、世界各国を転戦してレースがおこなわれます。

ステージ ③ 上級編

問題 52 自動車のトラブル発生？

つぎのような状態をあらわすことばを、あとからそれぞれ選んでください。

1. ガソリンがなくなって、自動車が動かなくなってしまった。

2. ライトを消しわすれてしまって、エンジンがかからなくなった。

3. 運転中、ライトの上むき、下むきを交互に切りかえ、チカチカさせた。

4. 自動車のエンジンが意図しないでとまってしまった。

パッシング　　クリープ現象　　バッテリーあがり

ガス欠　　エンスト　　オイルもれ　　ドリフト

自動車のトラブル発生？

1. ガス欠
2. バッテリーあがり
3. パッシング
4. エンスト

---

1. 自動車の燃料（おもにガソリン）がなくなってしまうことを「ガス欠」といいます。
2. ライト（ランプ）のつけっぱなしなどが原因で自動車のバッテリーの充電量がへり、エンジンがかからなくなってしまうことを「バッテリーあがり」といいます。
3. 自動車のヘッドランプのむきを上下に切りかえて、チカチカさせたり、点滅させたりすることを「パッシング」といいます。対向車などに抗議をしめしたり、注意をうながしたりするときにおこなう人がいますが、運転マナーとしてはよくありません。
4. 「エンスト」はエンジンストール（エンジンストップともいわれる）のことです。何らかの原因で、自動車のエンジンが急にとまってしまうことです。

ステージ ③ 上級編

Q 問題 53 世界の人気自動車レース

世界でおこなわれている人気のモータースポーツについて、つぎの問題にこたえてください。

1 フランスの北西部にあるル・マンでは、長時間にわたるカーレースがおこなわれています。どれくらいの時間、走りつづけるか、選んでください。

- 8時間
- 12時間
- 24時間

2 砂漠などの難所を走る「❓ラリー」は、世界一過酷なモータースポーツといわれています。❓にあてはまる地名を選んでください。

- ナイロビ
- カイロ
- ダカール
- ロンドン

3 F1レースで使用されるつぎのフラッグ（旗）は、どういうときにふられるか、それぞれ選んでください。

ⓐ
チェッカーフラッグ

ⓑ
レッドフラッグ

- スタート
- 1周するごと
- フィニッシュ
- レースの中断

世界の人気自動車レース

1 24時間　　**2** ダカール
3 ⓐ フィニッシュ
　　ⓑ レースの中断

1 フランスのル・マンでおこなわれるのは、「ル・マン24時間レース」です。レーシングカーで、24時間のあいだサーキットを走りつづけ、どれだけ多くの周回数（距離）を走れたかを競います。世界3大カーレースのひとつとされています。

2 「ダカール・ラリー」は、砂漠や山岳地帯など、ほとんど舗装されていない道を走るレースです。世界一過酷なレースともいわれています。自動車だけでなく、オートバイ、トラックの部門もあります。2007年大会までは、ダカール（セネガルの首都）がゴール地点とされていました。現在はスタート地点もゴール地点も、毎年、主催者がきめています。

3 ⓐのチェッカーフラッグは、レースのフィニッシュ（ゴール）でふられる旗です。ⓑのレッドフラッグ（赤旗）は、レースの継続が危険だと判断された際に、レースの中断を知らせるためにふられる旗です。

問題54 こんなバス 知ってる?

ステージ3 上級編

つぎのバスの名前を、あとからそれぞれ選んでください。

1. 空港と都市部をむすぶバス。

2. 住民のために、地方自治体などが運営(うんえい)するバス。

3. 線路のような専用(せんよう)道路を走るバス。

4. 運転席の前方のつきでた部分にエンジンがある、古いタイプのバス。

コミュニティバス　　サファリバス　　リムジンバス

ボンネットバス　　シャトルバス　　ガイドウェイバス

こんなバス 知ってる?

1. リムジンバス
2. コミュニティバス
3. ガイドウェイバス
4. ボンネットバス

---

1. 空港と都市部をむすぶ送迎用のバスを「リムジンバス」といいます。旅行用のスーツケースなどをつめこめる、大きなトランク（荷物室）がそなえられています。

2. 地域住民の移動手段のために、地方自治体などが運営するバスです。

3. ガイドウェイバスは、「ガイドウェイ」とよばれる専用の走行路を走るバスです。日本では愛知県名古屋市で運行されています。

※p.117の写真提供：名古屋ガイドウェイバス

4. ボンネットバスは、バスの前方部分がつきでた古いタイプのバスです。つきでた部分の内部にはエンジンがあり、ボンネットは、それをおおうカバーです。現在では、観光用のバスやコミュニティバスなどとして利用されています。

問題55 油圧ショベルクイズ③

ステージ3 上級編

油圧ショベルのバケットは、ほかのアタッチメント（交換部品）につけかえることができます。つぎのうち、実際にはないアタッチメントを1つ選んでください。

バケット

写真提供：コマツ

カッター

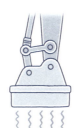

マグネット

グラップル

ブレーカー

リッパー

アイアンボール

A 解答55 油圧ショベルクイズ③

アイアンボール

油圧ショベルは、アームやバケットを交換することができます。交換部品はアタッチメントとよばれ、建物を解体したり、ものをはこんだりするなど、用途にあわせてさまざまなものがあります。

ペンチのようなアタッチメントをとりつけた油圧ショベル。はさんで切ったり、ひっぱったりして解体作業をおこなう。

写真提供：コマツ

巨大なマグネット（磁石）をとりつけた油圧ショベル。磁力で鉄くずや鉄板を集める。

写真提供：コマツ

ステージ ③ 上級編

問題 56 安全な乗車のしかたは？

自動車の安全な乗りかたについて、つぎの問題にこたえてください。

1 5人乗りの普通自動車が1台あります。運転席と助手席におとなが乗りました。後部座席には、法律上、子ども（12歳未満）が何人まで乗れるか選んでください。

> 2人　3人　4人　5人

2 チャイルドシートを使用しなくてもよい子どもを選んでください。

お母さんに
だかれた1歳児

3歳児

6歳児

A 解答56 安全な乗車のしかたは？

1. **4人**
2. **6歳児**

---

1. 自動車の乗車定員は、法律では、おとな２人が、子ども３人（12歳未満）にあたるとめられています。つまり、おとなは子どもの1.5人ぶんです。５人乗りの自動車におとな２人が乗ると、あと３人のおとなが乗れます。これを子どもに換算すると、3×1.5＝4.5（人）になり、小数点以下をきりすてて、子どもは４人まで乗車可能ということになります。

2. チャイルドシートは、体が小さく、シートベルトを着用できない子どもを保護するためのものです。使用が義務づけられているのは、６歳未満の子どもです。しかし、６歳以上であっても身長が140cm未満の子どもは、安全のためにチャイルドシートを使用したほうがよいでしょう。

座席にとりつけられたチャイルドシート

問題57 パトカーの豆知識②

パトカー（パトロールカー）について、つぎの問題にこたえてください。

1 パトカーの助手席側のサイドミラーには、ほかの自動車にはない特徴があります。その特徴を選んでください。

ⓐ ミラーがのびる。

ⓑ ミラーの上に小さいミラーがある。

ⓒ ミラーの上に、小さいライトがついている。

2 パトカーの屋根がどうなっているか選んでください。

ⓐ 真っ白でなにもかかれていない。
ⓑ 文字や記号がかかれている。
ⓒ 警察のマーク（旭日章）がかかれている。

パトカーの豆知識②

1 b

2 b

---

1 パトカーの助手席側にあるサイドミラーの上には、もうひとつ小さなミラー「ナビミラー」がついています。これはドライバーだけでなく、助手席の人も、後方を確認できるようにするためのものです。

ナビミラー（助手席用）
サイドミラー（運転席用）

2 パトカーの屋根には、文字や数字がかかれています。これは所属する警察の略字や車体番号などをあらわしていて、ヘリコプターとの交信の際に役立ちます。

ステージ 3 上級編

Q 問題 58 自動車の新技術はどれ？

普通自動車の機能についての問題です。市販されている自動車で、まだ実現されていない機能がどれか、すべて選んでください。

電気の動力のみで走行する電気自動車

パンクしてもしばらく走りつづけられるタイヤ

雨を感知して自動的に動くワイパー

太陽光発電でえた電気のみで走行するソーラーカー

前方の障害物を検知して、自動的に作動するブレーキ

目の動きで点灯するウインカー

自動車の新技術はどれ？

d、f

電気自動車も、雨を感知して自動的に動くワイパーのついた自動車も、すでに市販されています。パンクをしてもしばらく走りつづけることができるタイヤは「ランフラットタイヤ」といい、これもすでに販売されています。障害物を認識して自動的に作動する自動ブレーキを搭載した自動車も、自動車メーカー各社から販売されています。

2015年現在、ソーラーカーは、研究機関や大学などで開発がすすめられ、国際的なレース大会などがひらかれていますが、実用化されているものはありません。目の動きで点灯するウインカーを搭載した自動車も販売されていません。

クイズマスターチェック

正解した問題数をかぞえよう！

0～30問のあなた マスター度 30%
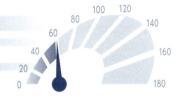

31～40問のあなた マスター度 60%

41～50問のあなた マスター度 90%

51～全問のあなた マスター度 100%

編／ワン・ステップ

児童・生徒向けの学習教材や書籍を制作する編集プロダクション。クイズマスターシリーズに「熱血 めざせ！ スポーツクイズマスター」「不思議発見 めざせ！ 理科クイズマスター」「脳に栄養 めざせ！ 食育クイズマスター」「地球を守れ めざせ！ エコクイズマスター」（いずれも金の星社）などがある。
http://www.onestep.co.jp/

- ●画像提供　（順不同）　株式会社クボタ　日野自動車株式会社　スズキ株式会社　株式会社小松製作所　日本車輌製造株式会社　株式会社タダノ　名古屋ガイドウェイバス株式会社　トヨタ自動車株式会社　一般社団法人東京道路清掃協会　金沢市消防局　日の丸自動車興業株式会社
- ●デザイン　VolumeZone
- ●イラスト　森永ピザ　おかなお　川下隆　勝山英幸
- ●写真撮影　落合裕也
- ●ＤＴＰ　ONESTEP

めざせ！ 乗り物クイズマスター
自動車・オートバイクイズ

初版発行／2016年2月

編／ワン・ステップ

発行所／株式会社金の星社
　〒111-0056 東京都台東区小島1-4-3
　電話（03）3861-1861（代表）
　FAX（03）3861-1507
　振替　00100-0-64678
　http://www.kinnohoshi.co.jp

印　刷／広研印刷株式会社
製　本／東京美術紙工
NDC680　128p.　22cm　ISBN978-4-323-05841-2

©Pizza Morinaga, Okanao, Takashi Kawashita, Hideyuki Katsuyama, ONESTEP inc. 2016
Published by KIN-NO-HOSHI SHA, Tokyo, Japan.

乱丁落丁本は、ご面倒ですが小社販売部宛にご送付ください。
送料小社負担にてお取替えいたします。

JCOPY　（社）出版者著作権管理機構　委託出版物
本書の無断複写は著作権法上での例外を除き禁じられています。複写される場合は、そのつど事前に（社）出版者著作権管理機構（電話 03-3513-6969、FAX 03-3513-6979、e-mail: info@jcopy.or.jp）の許諾を得てください。
※本書を代行業者等の第三者に依頼してスキャンやデジタル化することは、たとえ個人や家庭内での利用でも著作権法違反です。